Martha Steinmeyer

Kommunion und Konfirmation

Einladungen & Tischdekorationen

CHRISTOPHORUS
BRUNNEN-REIHE

Inhalt

Ein wichtiger Tag

Das Fest der Kommunion oder Konfirmation ist im Leben Ihres Kindes ein wichtiger Meilenstein.

Im Gegensatz zur Taufe wird es dieses Fest ganz bewusst erleben und immer in Erinnerung behalten. Ein Fest, bei dem es ganz allein im Mittelpunkt steht. Im Mittelpunkt seiner Familie, der Großfamilie, im Mittelpunkt der Gemeinde.

Die Vorschläge in diesem Buch helfen, dem großen Ereignis einen festlichen Rahmen zu geben. Einladungskarten, Tisch- und Menükarten – ganz klassisch oder pfiffig, farbig, modern – für jeden Geschmack ist etwas dabei. Bei manchen Karten finden christliche Symbole Verwendung, z. B. das Kreuz, der Fisch, die Taube. Suchen Sie gemeinsam mit Ihrem Kind die Lieblingskarte aus und die Dekoration, die ihm am besten gefällt.

Die Zeit für Festvorbereitungen ist oft knapp bemessen. Deshalb gibt es in diesem Band viele Vorlagen, die einfach nur auf das gewünschte Papier kopiert werden. So entfällt die zeitraubende Arbeit der Übertragung von Vorlagen. Auf dem Vorlagenbogen finden Sie außerdem Formulierungshilfen für Einladungs- und Danksagungskarten.

Und jetzt viel Freude beim gemeinsamen Schneiden, Kleben und Gestalten der Karten und Dekorationen! Vor allem aber wünsche ich Ihrem Kind und Ihnen einen wunderschönen Tag und ein gelungenes Fest!

Material & Hilfsmittel

Material

Die in diesem Buch vorgestellten Karten sind aus Tonkarton, Tonpapier oder Wellpappe angefertigt.

Es gibt aber auch bereits vorgefertigte Karten in vielen Farben zu kaufen. Unter den Materialangaben der einzelnen Motive wird darauf hingewiesen, wenn Fertigkarten verwendet werden können.

Zur Kartengestaltung werden Glanz-, Alu- oder Spiegelkarton verwendet, Hologrammfolie, Wellpappe, geprägtes Tonpapier, Naturpapier, Brief- oder Kopierpapier. Häufig werden Einlegeblätter zum Beschriften in die Karten geklebt. Hierfür wird Kopier- oder Briefpapier verwendet oder auch Pergamentpapier, das es in vielen zarten Farben gibt. Zusätzlich zu den Papieren werden Bändchen, Kordeln oder Federn verwendet.

Hilfsmittel

Die häufigsten Hilfsmittel sind natürlich Bleistift, Schere und Klebstoff. Sind gerade oder innenliegende Linien zu schneiden, ersetzt man die Schere durch den Cutter. Das erfordert natürlich eine Schneideunterlage. Häufig wird eine Lochzange gebraucht, und bei manchen Karten wird eine Wellenschere benutzt. Ein dünner schwarzer Filzstift wird oft zum Nachzeichnen oder Beschriften benötigt.

Um bei festem, kartonartigem Papier das Falten zu erleichtern und dabei eine exakte Faltung zu ermöglichen, braucht man ein Lineal, das an die Faltlinie angelegt wird, und einen spitzen Gegenstand, etwa eine Stricknadel, die am Lineal entlanggeführt wird. Es entsteht eine feine angeritzte Linie, und das Papier bricht jetzt genau an der gewünschten Stelle.

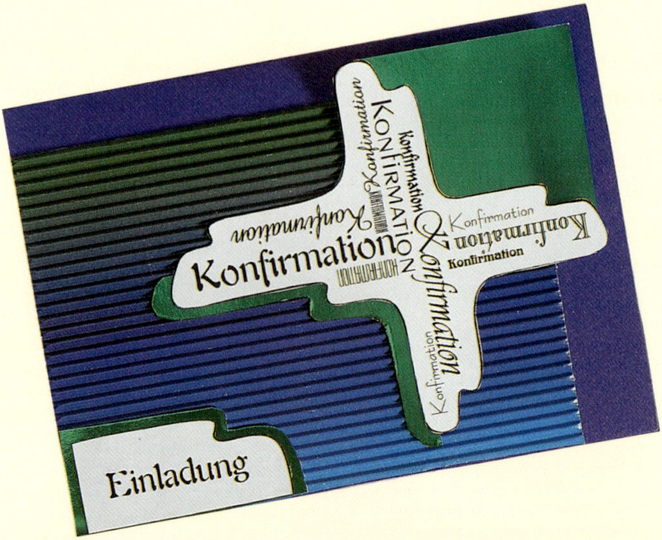

Übertragen der Vorlagen

Vorlagen übertragen mit Schablonen

Wenn Sie ein Motiv mehrfach benötigen, z. B. für Tisch- oder Einladungskarten, ist es am sinnvollsten, Schablonen herzustellen. Transparentpapier auf den Vorlagenbogen legen, das Motiv abzeichnen, dann auf festen Karton kleben. Die Konturen exakt nachschneiden. Die Schablonen auf das gewünschte Material legen und mit Bleistift umfahren.

Vorlagen übertragen durch Kopieren

Um die zeitraubende Übertragung der Vorlagen abzukürzen, gibt es in diesem Band viele Motive, die direkt auf das gewünschte Papier kopiert werden können. Damit können auch Schriftzüge problemlos übertragen werden. Das lästige Durchrubbeln einzelner Buchstaben oder das zeitraubende kalligraphische Nachmalen entfällt damit.

Kopier- und Briefpapier und ähnlich dünne Papiere eignen sich sehr gut zum Kopieren. Auch auf Tonpapier, das bereits Kartenstärke hat, kann kopiert werden. Tonkarton ist meist zu stark.

Die Kopiermotive sind auf dem Vorlagenbogen immer mehrfach nebeneinander abgedruckt, damit Ihr DIN-A4- Kopierformat gründlich genutzt wird.

Übrigens kann man mit dem Kopierer auch ganz einfach Motive vergrößern oder verkleinern. Wenn Sie also kleine Tauben als Anhänger für einen Zweig möchten, verkleinern Sie einfach die Wunschtauben!

Grüne Tür

Material

- Tonkarton (17 x 24 cm) oder fertige Karte (12 x 17 cm) in Weiß
- Tonkarton in Grün
- Briefpapier in Weiß
- Tonpapier in Grün
- Glanz- oder Alukarton in Grün
- evt. Pustestift in Grün
- schmales Bändchen in Weiß
- Kordel in Grün
- Fotografie

Vorlagen
A1 - A4

Einladungskarte

1 Vorlage A1 und A2 auf grünes Tonpapier kopieren. Die Türform und den Schriftzug "Einladung" ausschneiden. Mit dem Cutter die Türflügel so einschneiden, dass sie aufgeklappt werden können.

2 Den Einlegebogen aus weißem Briefpapier zuschneiden (16,5 x 23,5 cm). Aus Glanzkarton ein Rechteck (7,5 x 2,5 cm) und einen Kreis (ø 2,7 cm) ausschneiden. Den Kreis in der Mitte durchschneiden und beide Kreishälften an die Türflügel kleben. Mit der Lochzange zwei Löcher stanzen, durch die später das weiße Bändchen gezogen wird.

3 Die Türform auf die Karte kleben. Das Rechteck aus Glanzkarton und den Schriftzug anbringen.

4 Mit dem Pustestift zarte grüne Farbspuren um den Türbogen sprühen. Den Einlegebogen beschriften und in der Karte mit einem Tropfen Klebstoff und der grünen Kordel befestigen.

Danksagungskarte

1 Den Türbogen (A1) auf weißes, den Schriftzug "Danke" (A4) auf grünes Tonpapier kopieren und ausschneiden. Die Türflügel mit dem Cutter entfernen.

2 Die Vorlage A3 auf grünen Tonkarton übertragen und ausschneiden. Aus grünem Glanzkarton ein Rechteck (7,5 x 2,5 cm) schneiden.

3 Die Fotografie zurechtschneiden und zwischen Türbogen und grünen Hintergrund kleben. Glanzkarton und den Schriftzug "Danke" nach der Vorlage aufkleben.

Einladung
Danke

Material

- Tonkarton in Weiß
- Tonpapier in Grün
- Glanz- oder Alukarton in Grün
- Bändchen in Weiß

Vorlagen
A5 - A14

Menükarte

1 Die Vorlagen für die Tür (A5) zweimal auf grünes, die Vorlage A7 zweimal auf weißes Tonpapier kopieren. Die Form A6 auf weißen Tonkarton, das Oval (A8) auf grünen Glanzkarton übertragen. Alle Teile ausschneiden. Die Türen so einschneiden, dass sich die Türflügel aufklappen lassen.

2 Eine Tür auf die Vorder-, die andere auf die Rückseite der weißen Form (A6) kleben. Das Schriftsegment "Menü" auf den Glanzkarton kleben, und die Ovale am Fuß der Türen fixieren. Die Türflügel öffnen, die Menüabfolge auf Vorder- und Rückseite in die offenen Türen schreiben.

Tischkarte

1 Die Türform (A9) auf grünes, die Rückseite (A10) und das Oval für den Namen (A11) auf weißes Tonpapier kopieren. Die Vorlage A12 auf grünen Glanzkarton übertragen. Alle Teile ausschneiden. Die grüne Türform so einschneiden, dass sich die Türflügel öffnen lassen.

2 Die weiße Tür ist die Rückseite der Tischkarte. Die untere Kante der weißen Tür nach hinten umfalten, dann die grüne Tür gegen die weiße Rückseite kleben. Das kleine weiße Oval mit Namen versehen, auf die größere Form aus grünem Glanzpapier kleben und zwischen den Türflügeln anbringen.

Serviettenring

Den Serviettenring (A13) auf grünes Tonpapier kopieren, ausschneiden und zum Ring kleben. Die Form A14 je zweimal pro Ring auf grünen Glanz- oder Alukarton übertragen, ausschneiden und auf die bezeichneten Stellen kleben. Mit der Lochzange zwei Löcher stanzen. Das Bändchen durchziehen und zur Schleife binden.

Menü
Rieslingcremesuppe
mit feinen Kräutern und
Blattsalat
umlegt mit
Filets vom Kalb, Rind und
Rahmchampignons, buntes
vom Markt mit Sauce
Spätzle und Kroketten
Menü
Ute

Bunte Blume

Material

- Tonkarton in Hellblau, Hell- und Dunkellila, Gelb, Grün
- Kopier- oder Briefpapier in Gelb
- Regenbogenkarton
- Schokoladenkugel

Vorlagen

B1 - B5

Einladungskarte

1 Die Vorlage "Einladung" (B3) auf gelbes Kopier- oder Briefpapier kopieren. Die Kartenform (B1) auf hellblauen Tonkarton übertragen. Den Hintergrund, die Blätter, die Blume und den Kreis (alles B2) ebenfalls auf entsprechenden Tonkarton übertragen und alle Teile ausschneiden.

2 Den Hintergrund auf die Karte kleben, danach Blätter, Blume und Kreis anbringen. Das Schriftsegment "Einladung" in die aufgeklappte Karte rechts unten kleben.

3 Vorsicht beim Beschriften der Karte! Die rechte Kartenhälfte darf nicht beschrieben werden.

Danke-Blümchen

1 Die Blume (B4) auf grünen Tonkarton, die Blüte (B5) auf Regenbogenkarton übertragen. Jeweils den Umriss und den inneren Kreis ausschneiden.

2 Mit dem Lineal zwei Striche zeichnen, um den Stängel anzudeuten. Ein Blatt mit "Danke" beschriften. Die bunte Blüte auf die Blumenform kleben. Die Schokoladenkugel in den inneren Kreis stecken.

Tipp

Eine besonders nette Art, Danke zu sagen: Das kleine Blümchen kann allen mitgegeben werden, die an der Haustür eine Karte, ein Geschenk abgeben oder bei den Vorbereitungen mithelfen. Es fällt den Kindern viel leichter, sich zu bedanken, wenn sie etwas in der Hand haben, das sie überreichen können.

Danke
Danke
Einladung

Material

- Tonkarton in Dunkellila, Gelb, Grün, Hellblau
- Tonpapier in Gelb, Grün, Hellblau, Helllila
- Kopier- oder Briefpapier in Gelb
- Regenbogenkarton
- Bändchen in passenden Farben

Vorlagen

B5 - B11

Menükarte

1 Den Kartenumriss (B6) auf lilafarbenen Tonkarton übertragen. Dabei den Tonkarton doppelt und die Vorlage mit der gestrichelten Linie an den Umbruch legen. Den Hintergrund (B7) aus hellblauem Tonpapier arbeiten.

2 Von der Vorlage B6 die Blätter auf grünes, die Blüte auf gelbes und den Kreis auf helllilafarbenes Tonpapier übertragen. Alle Teile ausschneiden. Auf den Kreis "Menü" schreiben, und mit Filzstift den Blumenstängel einzeichnen.

3 Die rechte Kartenseite mit dem hellblauen Kartenteil überkleben. Darauf Blätter, Blüte und "Menü"-Kreis anordnen und fixieren. Das Einlegeblatt (B8) aus doppelt gelegtem Brief- oder Kopierpapier beschriften, mit wenig Klebstoff anbringen.

Tischkarte

1 Grundform (B9), Blätter (B10), Blüte (B5) und Kreis in der Blütenmitte (B11) gemäß der Abbildung aus verschiedenfarbigem Tonkarton zuschneiden.

2 Die Blätter mit Filzstift umfahren, den Stängel einzeichnen und auf das rechte Blatt einen Namen schreiben.

3 Die Kartenform falten und die Blumenteile so anordnen und festkleben, dass die Hälfte der Blume auf dem Hintergrund liegt.

Serviettenring

Die Blütenform (B5) auf den Regenbogenkarton übertragen. Dabei einen schönen Farbausschnitt wählen. Das Bändchen durchziehen und eine Schleife binden. Die Serviette einrollen und durch die Öffnung in der Blütenmitte schieben.

Menü
Opa
Oma

Blauer Fisch

Material

- Tonkarton in Dunkelblau (24 x 16,5 cm) oder fertige Karte (12 x 16,5 cm)
- Briefumschlag in Blau (12,5 x 17,5 cm)
- Regenbogenwellpappe mit engem Verlauf
- Tonpapier in Lila, Grün, Hellblau
- Hologrammfolie in Silber
- Brief- oder Kopierpapier in Hellblau
- Bändchen in Lila

Vorlagen
C 1 - C4

Einladungskarte

1 Schriftsegment (C2) und Fischauge (C3) auf hellblaues Tonpapier kopieren und ausschneiden. Drei Rechtecke zuschneiden: eines aus lilafarbenem (5,5 x 3,5 cm), eines aus grünem Tonpapier (10 x 5,5 cm) und das dritte aus Regenbogenwellpappe (4 x 3,5 cm). Fischkopf und -schwanz aus Hologrammfolie arbeiten, den Fischbauch aus Regenbogenwellpappe (alles C1).

2 Die Karte zum Querformat falten. Das Schriftsegment "Einladung" und die Rechtecke in die Kartenecken kleben, dann Fischkopf und -schwanz, Bauch und zum Schluss das Auge fixieren. Aus hellblauem Kopier- oder Briefpapier einen Einlegebogen (16,5 x 23,5 cm) schneiden, zur Hälfte falten und mit etwas Klebstoff in die Karte kleben.

Briefumschlag

Den Fisch (C4) aus hellblauem Tonpapier gestalten. Das Auge mit einer Lochzange ausstanzen, den Kopf mit etwas Abstand zum Körper auf den Briefumschlag kleben und beschriften.

Danke-Anhänger

Die Vorlage C4 auf hellblaues Tonpapier kopieren und ausschneiden. Den Fischkopf aus Hologrammfolie, den Bauch aus Regenbogenwellpappe arbeiten und beide Teile aufkleben. Mit der Lochzange ein Auge und eine kleinere Öffnung stanzen, durch die das Bändchen gezogen wird.

Serviettenring
Abbildung Seite 17

Einen Streifen, 14 x 13 cm, aus Regenbogenwellpappe zuschneiden. Für eine lange Seite die Wellenschere benutzen. Den Streifen zum Ring kleben und einige Male mit Silberdraht umwickeln.

Danke
Einladung
Für
Onkel Karl

Material

- Tonkarton in Dunkelblau (17 x 23 cm), Hellblau, Grün
- Tonpapier in Hellblau, Helllila, Grün
- Glanzkarton in Dunkelblau
- Regenbogenwellpappe mit engem Farbverlauf
- Hologrammfolie in Silber
- Pergament- oder Briefpapier in Weiß (16,5 x 22 cm)
- Silberdraht
- Servietten in Blau, Türkis

Hilfsmittel

- Wellenschere
- Lochzange

Vorlagen

C5 - C8

Anleitung für den Serviettenring Seite 14

Menükarte

1 Das Schriftsegment "Menü" (C6) auf hellblaues Tonpapier kopieren und ausschneiden. Den Fisch (C5) auf blauen Glanzkarton übertragen und ausschneiden. Den Kopf abschneiden und mit der Lochzange ein Auge ausstanzen. Den oberen Teil des Fischbauches in Hologrammfolie arbeiten, den unteren in Regenbogenwellpappe. Beide Teile auf den Fischkörper kleben.

2 Aus lila Tonpapier ein Rechteck (17 x 3,5 cm), mit der Wellenschere einen schmalen, 11,5 cm langen Streifen, aus grünem Tonpapier ein Rechteck (11,5 x 3 cm), aus hellblauem ein weiteres (5 x 3,5 cm) zuschneiden. Beim grünen Rechteck eine lange, beim blauen eine kurze Seite mit der Wellenschere schneiden.

3 Das Schriftsegment, das grüne, das lilafarbene, das blaue Rechteck und den schmalen lilafarbenen Streifen auf die Karte kleben, wie es auf dem Foto zu sehen ist. Die einzelnen Teile des Fisches anbringen. Der Schwanz ragt über die Karte hinaus. Aus weißem Pergament- oder Briefpapier ein Einlegeblatt falten, beschriften und mit wenig Klebstoff fixieren.

Tischkarte

1 Die Fischform (C8) auf Glanzkarton, die Form für die Tischkarte (C7) auf blauen Tonkarton übertragen und beides ausschneiden. Den oberen Teil des Fischbauches aus Hologrammfolie, den unteren aus der Regenbogenwellpappe arbeiten und auf die Fischform kleben. Mit der Lochzange ein Auge ausstanzen. Den Kopf des Fisches abschneiden.

2 Die Tischkarte falten. Den Fischkörper so aufkleben, dass ein Teil des Schwanzes über die Karte hinausragt. Den Kopf mit etwas Abstand zum Körper befestigen.

3 Aus grünem Tonkarton mit der Wellenschere einen ca. 9 cm langen Streifen schneiden und vorne abschrägen. Den Streifen mit Namen versehen. Aus Wellpappe zwei kleine Quadrate schneiden, auf der Innenseite der Tischkarte festkleben. Darauf den Streifen mit dem Namen fixieren. (Mit den Wellpappeteilchen als Abstandhalter wird eine räumliche Wirkung erzielt.)

Menü
Axel
Svenja

Material

Gutschein und Wunschfische

- Tonkarton in Hellblau (30 x 11 cm)
- Brief- oder Tonpapier in Grün, Blau, Lila
- Glanzkarton in Blau
- Regenbogenwellpappe mit engem Farbverlauf
- Hologrammfolie
- Bändchen in Türkis, Hellblau oder Grün

Festtagskerze

- große Kerze in Weiß
- Wachsplatten in Blau, Türkis, Lila, Silber
- Wachsbuchstaben in Silber

Hilfsmittel

- Stecknadel
- Wellenschere, Nagelschere

Vorlagen

C9 - C12

Gutschein

1 Das Schriftsegment "Für Dich" (C10) auf grünes Brief- oder Tonpapier kopieren und ausschneiden. Den Umriss der Fischform (C9) auf den Glanzkarton übertragen und ausschneiden. Den oberen Teil des Bauches aus Hologrammfolie, den unteren aus Regenbogenwellpappe arbeiten. Die Hologrammfolie auf den Fischkörper kleben. Beim Aufkleben der Regenbogenwellpappe nur am linken und am geschwungenen Rand Klebstoff auftragen.

2 Mit der Lochzange ein Auge und am Fischbauch an bezeichneter Stelle zwei Löcher stanzen, durch die das Bändchen gezogen wird. Die Karte zum Querformat falten, das Schriftsegment aufkleben. Den Kopf des Fisches mit der Schere vom Körper trennen und etwas versetzt vom Körper fixieren. In die "Tasche" im Fischbauch einen Gutschein oder ein Geldgeschenk stecken und das Bändchen zur Schleife binden.

Wunsch-Fische

Die Fischform (C 11) auf Tonkarton übertragen oder auf Tonpapier kopieren. Die Trennlinie zwischen Kopf und Körper einzeichnen. Die Fische ausschneiden und ein Auge und eine Öffnung stanzen, durch die das Bändchen gezogen wird.

Festtagskerze

1 Die Vorlage (C 12) auf Tonkarton übertragen. Das Muster für die beiden Kreuzteile auf die lilafarbene Wachsplatte legen, mit einer Stecknadel den Umriss nachfahren, dann das Schutzpapier abnehmen. Den Fisch auf die gleiche Weise arbeiten.

2 Mit der Wellenschere jeweils zwei Streifen aus der türkis-, lilafarbenen und blauen Wachsplatte schneiden, mit der Nagelschere drei silberne Streifen. Ein dunkelblaues Rechteck als Unterlage für die silbernen Buchstaben in passender Größe zuschneiden. Vor dem Ausschneiden das Schutzpapier abnehmen.

3 Mit einem Baumwolltuch die Kerze abreiben, um den Schutzfilm zu entfernen und die Kerze zu erwärmen. Die Wachsteile auf der Kerze anbringen, wie es auf dem Foto zu sehen ist. Das Wachs haftet durch die Wärme auf der Kerze.

BASTIAN
Um an die Quelle zu kommen, muß man gegen den Strom schwimmen!
DANKE!
Wer zusammen in ein Boot steigt, will dasselbe tun.
Für Dich

Strahlende Sonne

Material

Karten

- Tonpapier- und Tonkarton in Gelb
- Glanz- oder Spiegelkarton in Gold
- Naturpapier in Gelb
- Blattmetall in Rot-Gold
- Anlegemilch (ersatzweise Holzleim)

Festtagskerze

- dicke Kerze in Weiß
- Wachsplatten in Hell-, Dunkelgelb, Gold
- Blattmetall in Rot-Gold

Hilfsmittel

- Pinsel
- Wattestäbchen
- weiches Tuch

Vorlagen

D1 - D5

Einladungs- und Menükarte

1 Die Vorlagen D1 und D3 aus gelbem Tonpapier ausschneiden. Die Einladungskarte zum Quer-, die Menükarte zum Hochformat falten. Goldfarbenen Spiegel- oder Glanzkarton und gelbes Naturpapier in Form schneiden (Einladung D2, Menü D4). Den Kreis aus gelbem Tonkarton schneiden. Den Goldkarton aufkleben, darauf das Naturpapier und zum Schluss den Kreis.

2 Den Kreis sparsam mit der Anlegemilch bestreichen. Mit Hilfe eines Wattestäbchens um den Sonnenkreis mit der Anlegemilch Strahlen malen. Die Milch etwa 10 Minuten trocknen lassen. Blattmetall auflegen und noch einmal 30 Minuten warten. Mit dem weichen Tuch vorsichtig polieren.

Tischkarte

1 Aus gelbem Tonkarton ein Quadrat (10 x 10 cm) und den Kreis (D5) zuschneiden. Das Quadrat zur querformatigen Tischkarte falten. Die Formen (D5) auf Goldkarton und Naturpapier übertragen, ausschneiden und auf die Karte kleben.

2 Den Kreis und die Sonnenstrahlen mit Blattgold arbeiten wie oben unter 2 beschrieben. Den Kreis auf die linke obere Ecke kleben, sodass er übersteht. Die Karte mit Namen versehen.

Festtagskerze
Abbildung Seite 2

Mit einer Stecknadel aus den gelben Wachsplatten unregelmäßig runde Formen ausschneiden, die dunkleren größer als die helleren. Die Platten auf die Kerze drücken. Mit einem Küchenmesser von der goldenen Wachsplatte schmale Streifen abschneiden und als Sonnenstrahlen um den kleinen gelben Kreis anordnen. Aus Blattmetall eine kleine runde Form ausschneiden oder vorsichtig reißen und auf die helle Wachsplatte auftragen.

Menü
Christel
Einladung

Weiße Taube

Material

- Wellpappe in Weiß (16,5 x 24 cm)
- Briefpapier in Weiß
- Glanzkarton in Blau
- Tonkarton in Weiß, Grün
- Tonpapier in Helllila
- geprägtes Tonpapier in Weiß
- Seidenpapier in Weiß, Blau-, Rosa-, Lilatönen
- Kleister, Pinsel,
- Farbstifte
- Federchen in Weiß
- Schokoladenriegel

Vorlagen
E1 - E4

Einladungskarte

1 Zuerst das Schmuckpapier für den Hintergrund herstellen. Den Kleister anrühren und das Seidenpapier in Stücke reißen. Den Kleister mit dem Pinsel auf das lilafarbene Tonpapier auftragen und die Seidenpapierstücke überlappend auflegen. Durch diese Überlappungen entstehen schöne Farbnuancen. Das Ganze mit Kleister bestreichen, trocknen lassen und glatt bügeln.

2 "Einladung" (E2) auf weißes Briefpapier kopieren. Die Vorlage für das Schmuckpapier und die blaue Wolke auf das entsprechende Papier übertragen. Die Taube auf geprägtes Tonpapier aufzeichnen. Alle Teile ausschneiden. Den Flügel der Taube leicht nach vorne falten und mit der Lochzange drei Löcher stanzen. Mit Filzstiften Auge und Schnabel malen.

3 Die Karte zum Hochformat falten. Das Schriftsegment, das Schmuckpapier und die Wolke auf die Karte kleben. Beim Anbringen der Taube darauf achten, dass der Flügel nicht angeklebt wird. Eine weiße Feder zwischen Wolke und Taube legen. Das Einlegeblatt aus Briefpapier (15,5 x 23 cm) zuschneiden, zur Hälfte falten, beschriften und mit wenig Klebstoff im Karteninnern fixieren.

Danke-Täubchen

1 Die Taube (E3) auf weißes Tonpapier kopieren und ausschneiden. An den bezeichneten Linien falten. Den Schnabel auf beiden Seiten bemalen.

2 Das Blatt (E4) auf grünes Tonpapier übertragen und ausschneiden. Vogel oder Blatt mit "Danke" beschriften. Die Taube am Kopf und an den Flügelansätzen zusammenkleben, das grüne Blatt zwischen die Schnäbel legen. Den Schokoladenriegel mit ganz wenig Klebstoff oder doppelseitigem Klebeband am Boden befestigen. Eventuell ein Federchen als Schwanz zwischen Schokolade und Taube legen.

Danke
Einladung
Danke

Material

- Tonkarton in Weiß
- Tonpapier in Weiß, Grün, Helllila
- Glanzkarton in Blau
- Seidenpapier in Weiß, Blau-, Rosa-, Lilatönen
- Kleister, Pinsel
- Federchen in Weiß
- Japanservietten in Weiß

Vorlagen

E4 - E7

Menükarte

1 Das Schriftsegment "Menü" (E6) auf weißes Ton- oder Briefpapier kopieren und ausschneiden. Die Kartenform (E5) auf weißen Tonkarton übertragen, ausschneiden und falten. Das Schmuckblatt (Herstellung s. Seite 22, 1) und den Glanzkarton zuschneiden.

2 Die Taube aus Tonkarton ausschneiden, den Flügel abfalten, Auge und Schnabel aufmalen. Mit der Lochzange drei Öffnungen in den Flügel stanzen.

3 Zuerst Schriftsegment, dann Schmuckblatt, blaue Wolke und Taube aufkleben. Beim Anbringen der Taube ein Federchen als Schwanz fixieren. Den Flügel nicht mit ankleben. Zum Schluss die Karte beschriften.

Tischkarte

1 Die Vorlage E7 auf weißes Tonpapier kopieren, ausschneiden und falten. Auf beiden Seiten Auge und Schnabel aufmalen.

2 Die Blattform (E4) auf grünes Tonpapier übertragen, ausschneiden und mit Namen versehen. Die Taube am Kopf und an den Flügelansätzen zusammenkleben, das Blatt im Schnabel fixieren.

3 Die Japanserviette auseinanderfalten, in der Mitte hochnehmen und zurechtzupfen. Die Spitze nach hinten falten. Die Serviette als Schwanz im Taubenbauch feststecken.

Levin
Laura
Menü

Material

- Wellpappe in Weiß (16,5 x 24 cm)
- Tonkarton in Weiß
- Tonpapier in Weiß, Helllila
- Seidenpapier in Weiß, Blau-, Rosa-, Lilatönen
- Kleister, Pinsel
- Bändchen in Weiß
- Schaschlikstäbchen

Vorlagen

E8 - E10

Gutschein

1 Das Schriftsegment "Gutschein" (E9) auf weißes Ton- oder Briefpapier kopieren. Schmuckpapier herstellen (s. Seite 22, 1). Den Untergrund und die Taubenform (E8) auf das jeweilige Papier übertragen und ausschneiden. Aus lilafarbenem Tonkarton einen 6 cm breiten und 20 cm langen Streifen arbeiten.

2 Mit den Filzstiften Schnabel und Auge aufmalen. An dem Flügelende mit der Lochzange drei Öffnungen anbringen und den Flügel falten. Den Gutschein beschriften, einrollen und ein weißes Band umbinden.

3 Die Karte aus Wellpappe zum Hochformat falten. Zuerst Schriftsegment, dann Schmuckblatt und Taube festkleben. Unter dem Schnabel der Taube das Bändchen mit fixieren. Die Flügel der Taube nicht ankleben. In der Kartenmitte ist noch Platz für gute Wünsche!

Wunsch-Taube

1 Die Taube (E10) aus Tonpapier ausschneiden. Mit Filzstiften auf beiden Seiten je ein Auge malen, den Schnabel einfärben.

2 Wer eine Taube als Steckfigur möchte, arbeitet die Taubenform doppelt und klebt das Stäbchen zwischen die identischen Teile. Soll die Taube aufgehängt werden, wird ein Bändchen durch eine Öffnung im Flügel gezogen.

Tipps

Ähnlich wie die Wunsch-Fische (Seite 18) kann man die Tauben an einen Zweig hängen oder in die Blumendekorationen auf den Tischen oder am Büfett stecken.
Oder: Die Gäste schreiben gute Wünsche, Erinnerungen, Sprüche, Gebete usw. auf die Tauben. Bücher entsprechenden Inhalts erleichtern den Gästen ihre Aufgabe.
Eine nette Gästeliste entsteht, wenn jeder Gast seinen Namen auf eine Taube schreibt. An einen Zweig gehängt, hat Ihr Kind noch lange eine schöne Erinnerung an seinen Festtag.

Kurz bevor die Sonne aufgeht, ist die Nacht am dunkelsten.
Besser ist es, ein Licht anzuzünden, als auf die Dunkelheit zu schimpfen.
Wende dein Gesicht der Sonne zu, dann fallen die Schatten hinter dich.
Gutschein

Schriftvarianten

Material

- Tonkarton (17 x 24 cm) oder fertige Karte (17 x 12 cm) in Gelb
- Tonkarton (15,5 x 11,5) in Gelb
- Regenbogenwellpappe mit engem Verlauf
- Glanz- oder Alukarton in Grün
- Brief- oder Kopierpapier in Gelb
- Fotografie

Vorlagen
F1 - F5

Einladungskarte

1 Die Schriftsegmente F1 und F2 auf gelbes Brief- oder Kopierpapier kopieren und ausschneiden. Aus diesem Papier auch das Einlegeblatt (16,5 x 23,5 cm) zuschneiden und in der Mitte falten.

2 Die Schatten um die Schriftsegmente (F3, gestrichelte Liene) auf grünen Glanz- oder Alukarton übertragen und ausschneiden. Aus demselben Material ein Quadrat (6 x 6 cm) zuschneiden.

3 Aus Regenbogenwellpappe ein Rechteck (15 x 9,5 cm) mit passendem, schönem Farbverlauf arbeiten und auf die Karte kleben. Nacheinander die Ausschnitte aus Glanzkarton und die fotokopierten Schriftfragmente aufkleben. Das Einlegeblatt mit wenig Klebstoff in der Karte fixieren.

Tipps

Die Karte wirkt im Längs- als auch im Hochformat. Wählen Sie Ihre Variante aus, und beschriften Sie das Einlegeblatt entsprechend.
Besonders hübsch ist es, wenn das Schriftsegment "Einladung" auch auf dem Briefumschlag zu sehen ist.

Danksagungskarte

1 Das Schriftsegment "Danke" (F5) auf gelbes Papier kopieren. Die Umrisse des Segments (F4) auf Glanz- oder Alukarton übertragen. Alle Teile ausschneiden.

2 Die Fotografie auf die Größe 13,5 x 9,5 cm zurechtschneiden und in die linke obere Ecke der Karte kleben. Glanzkarton und die kopierte Schrift in der rechten unteren Ecke anbringen.

Danke
Danke
Danke
DANKE
Danke
Danke
Danke
Danke
Einladung
Kommunion
Kommunion
KOMMUNION
Kommunion
Kommunion
Kommunion
Kommunion
Kommunion
KOMMUNION
Kommunion
Kommunion
Einladung

Material

- Karte aus Tonkarton (18 x 13 cm) in Gelb
- Karte aus Tonkarton (11 x 9 cm) in Gelb
- Regenbogenwellpappe
- Brief- oder Kopierpapier in Gelb
- Glanz- oder Alukarton in Grün
- Kordel in Grün
- kleine Holzklammern

Vorlagen
F6 - F9

Menükarte

1 Das Schriftsegment "Menü" (F7) auf gelbes Brief- oder Kopierpapier kopieren, den "Schatten" um das Segment (F6) auf Glanz- oder Alukarton übertragen. Aus Regenbogenwellpappe ein Rechteck (16 x 11 cm) mit schönem Farbverlauf arbeiten. Alle Teile ausschneiden und auf die Karte kleben.

2 Ein Einlegeblatt aus gelbem Kopierpapier schneiden (17,5 x 13 cm), in der Mitte falten, beschriften, in die Karte legen und mit wenig Klebstoff fixieren. Die Kordel (ca. 60 cm) hält beides zusätzlich zusammen.

Tischkarte

1 Das Schriftsegment "Guten Appetit" (F8) auf gelbes Papier kopieren und ausschneiden. Folgende Rechtecke zuschneiden: Regenbogenwellpappe 8 x 4,5 cm, Glanz- oder Alukarton 5 x 2,5 cm, Brief- oder Kopierpapier 4 x 1,5 cm.

2 Den gelben Tonkarton in der Mitte zur Tischkarte falten. Auf das kleine gelbe Rechteck den Namen eines Gastes schreiben. Die Wellpappe so festkleben, dass sie auf der linken Seite etwas übersteht. Den Glanzkarton an der rechten oberen Ecke so fixieren, dass er die Wellpappe ein wenig überlappt. Zum Schluss Name und Schriftsegment aufkleben.

Serviettenband

Das Schriftsegment (F9) auf gelbes Papier kopieren und ausschneiden. Die Streifenenden so über eine runde Tischkante oder eine Schere ziehen, dass sie nach oben zeigen. Die Serviette zum schmalen Rechteck zusammenfalten und den Streifen mit Hilfe der Klammern an der Serviette befestigen.

Menü
Menü
Menü
Menü
Menü
MENÜ
Menü
Menü
MEN
Menü
Menü
MENÜ
Menü
Menü
Menü
Guten Appetit Guten Appetit Guten Appetit
Guten Appetit
Appetit
Guten Appe
Guten Appetit
Guten Appetit
GUTEN APPETIT
Manja

Impressum

ISBN 3-419-56150-4

2. Auflage 2000

Textredaktion:
Ursula Brunn-Steiner, Wiesbaden

Styling und Fotos:
Roland Krieg, Waldkirch

Covergestaltung und Layoutentwurf:
Network!, München

Coverrealisierung:
smp, Freiburg

Produktion:
Carsten Schorn, Merzhausen

Druck:
Freiburger Graphische Betriebe

Wir sind für Sie da, wenn Sie Fragen zu AutorInnen, Anleitungen oder Materialien haben. Und wir interessieren uns für Ihre eigenen Ideen und Anregungen. Faxen, schreiben Sie oder rufen Sie uns an. Wir hören gerne von Ihnen!
Ihr Christophorus-Verlag

Christophorus-Verlag GmbH
Hermann-Herder-Str. 4
79104 Freiburg
Tel.: 0761/ 27 17-0
Fax: 0761/ 27 17-3 52
oder e-mail:
info@christophorus-verlag.de

Aus der Brunnen-Reihe

3-419-56124-5

3-419-56125-3

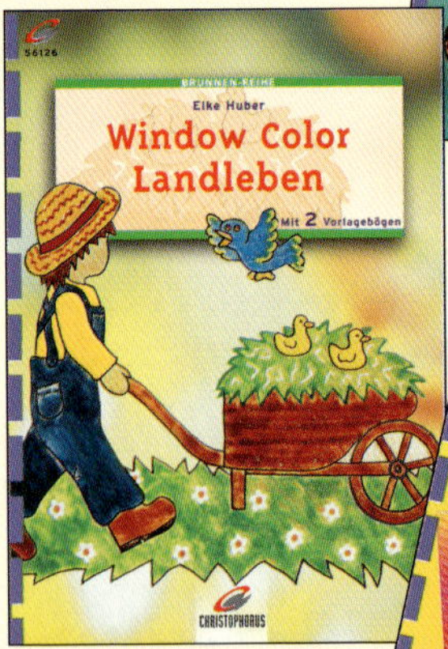

3-419-56126-1

3-419-56127-X

3-419-56128-5